P9-BIV-803

Cette France qu'on oublie d'aimer

DU MÊME AUTEUR

La Femme qui attendait, Seuil, 2004 ; « Points », Seuil, 2005.
La Terre et le ciel de Jacques Dorme, Mercure de France, 2003 ; « Folio », Gallimard, 2004.
Saint-Pétersbourg, Chêne, 2002.
La Musique d'une vie, Seuil, 2001 ; « Points », Seuil, 2002.
Requiem pour l'Est, Mercure de France, 2000 ; « Folio », Gallimard, 2001.
Le Crime d'Olga Arbélina, Mercure de France, 1998 ; « Folio », Gallimard, 2000.
Le Testament français, Mercure de France, 1995 ; « Folio », Gallimard, 1997.
Au temps du fleuve Amour, Félin, 1994 ; « Folio », Gallimard, 1996.
Confession d'un porte-drapeau déchu, Belfond, 1992 ; « Folio », Gallimard, 1996.
La Fille d'un héros de l'Union soviétique, R. Laffont, 1990 ; « Folio », Gallimard, 1996.

Andreï Makine

Cette France qu'on oublie d'aimer

Café Voltaire
Flammarion

ISBN : 2-08-068986-X

À Marie-Pierre Daninos.

Le pays de De Gaulle fut mis en miettes,
le nouveau pays lui ravit la place et annonça
que, désormais, il répondrait à l'appellation
inédite de Mini-France.

Romain GARY
À mon Général : adieu, avec amour et colère

À chaque pas, nous retrouvons la France,
tout entière. Elle est tellement mêlée aux noms
de Vétheuil, des Andelys, de Rouen,
de Jumièges, que rien qu'à les redire, ces noms
merveilleux, on sent se confirmer l'espoir des
jours meilleurs et la foi dans ce quelque chose
d'indestructible qui est la France.

Julien GREEN
Paris

I

Certaines idées de la France

Les enfants du pays

L'énigme de ce léger relief en creux qui trace une courbe sur les vieilles dalles. Et pas un Français en vue qui pourrait me renseigner. L'église est petite, parfaitement déserte. La torpeur d'un après-midi d'août au milieu des étendues ensoleillées aux environs de Luçon et, soudain, ce répit. Derrière la porte basse, un intérieur sombre, un autel modeste, le sentiment d'une présence désarmée que m'inspirent toujours ces églises humbles, à l'écart des itinéraires fréquentés. L'ombre, la fraîcheur, de larges dalles dont la patine dorée est recouverte d'une multitude de stries. Et là, cette courbe, on dirait un sentier délicatement creusé dans la pierre. Un rayon qui perce à travers un vitrail noirci souligne ce dénivellement. Il m'est déjà arrivé de remarquer ces dalles déformées dans certaines églises sans jamais en deviner la raison. Je m'accroupis, touche le grain de la pierre usée...

Et tout à coup, je comprends que cette courbe légèrement enfoncée dans les dalles marque, « tout bonnement », la direction que suivaient les fidèles : de l'entrée ils allaient vers la grande vasque, à présent sèche, du bénitier. La trace de leurs pas, depuis des siècles. La pierre sous mes doigts me paraît vivante. Mon émotion n'a rien de religieux. Je suis né et j'ai grandi dans un pays qui exaltait le rejet des croyances et le mépris tout particulier pour le catholicisme. Non, ce que je ressens est bien plus irréfléchi. Une intense communion, à travers les âges, avec les êtres dont la vie m'est proche grâce à cet unique instant : un jour lointain, ils poussèrent la porte, marquèrent leurs pas sur le dallage... Deuils, joies, naissances, guerres, famines, exils et retours, peines et espérance, ces vies françaises que depuis mon enfance je cherche à comprendre.

Encore un secret, cette grande plaque de marbre dans une autre église, sur les mêmes terres vendéennes. Qui étaient ce Louis et ce Jules Arnaud ? Deux frères ? Ou bien un père et un fils ? Auguste et Pierre Boisson ? Joseph et Lucien Clerteau ? Sur le marbre, leurs noms sont précédés de la mention suivante : « La paroisse de Sainte-Radegonde de Jard à ses enfants morts pour la France, 1914-1918. »

Une inscription semblable à celles que portent tous les monuments aux morts. J'ai souvent lu ces noms d'inconnus et tenté d'imaginer la vie de ceux qui les avaient portés. Cette fois, je remarque qu'il y a, sur la liste des soldats, deux membres d'une même famille, oui, deux frères sans doute. L'énumération par ordre alphabétique se lit soudain comme une confidence, un aveu de douleur, un souvenir pieusement gardé et que désormais je partage. Alexandre et Eugène Jouin... Jamais encore l'expression « morts pour la France » ne m'a paru aussi grave, aussi juste. Ce n'est plus la silhouette désincarnée d'un conscrit, ni l'ombre d'un appelé, c'est l'intimité d'une famille française, l'essence des heures tragiques qu'elle a vécues. Eugène et Raoul Maillet...

La vérité des légendes

Les noms des soldats tombés évoquent pour moi cette France lointaine et mystérieuse que je rêvais, enfant, en déchiffrant les pages odorantes des vieux volumes.

Ainsi mourut pour les trois fleurs de lis, sur les bords de la Meuse, et quasi aussi gueux d'argent que lorsqu'il s'en était venu tout jeune à Paris, l'un des plus purs et des plus beaux soldats de la vieille France...
Nous sommes quatre gentilshommes de la Guienne qui combattons en lice contre tous allants et venants de la France : moi, Sansac, Montalembert et la Châtaigneraie...
Tout est perdu fors l'honneur...

Mythes héroïques d'une France légendaire ? Fictions hagiographiques ? Images d'Épinal ?

Refus d'accepter la « vraie » Histoire qui se cache derrière ces enluminures de la gloire nationale ? Les carnages des guerres, les dessous meurtriers des victoires... Combien de Chemins des Dames pour un seul défilé sur les Champs-Élysées ?

Et pourtant ces « quatre gentilshommes de la Guienne » me paraissent plus vrais que toutes les gloses savantes. Aussi vrais que l'existence d'Alphonse et de Frédéric Prouteau, morts pour la France et dont les noms sont inscrits dans la petite église de Jard. Oui, aussi vrais que la vie imaginée de leur mère qui les attendait dans l'une de ces maisons basses battues par les vents de l'océan, puis n'attendait plus, venant se recueillir sous l'humble nef de Sainte-Radegonde. Aussi vrais – jusqu'à l'invraisemblable – que le panache de cet autre enfant du pays, ce chef d'armées vêtu d'un simple manteau de soldat et qu'on prétend être enterré debout. Le Tigre, le fougueux Clemenceau. Une figure pour l'iconostase des grands hommes ? Ou plutôt un écho vivace des longs siècles de chevalerie ?

Je quitte à regret la fraîcheur de Sainte-Radegonde. Dehors, le bruit et la puanteur du nœud coulant d'un embouteillage qui se resserre autour de l'église, des visages hargneux, l'abrutissant cognement de la techno, des chauffeurs qui se défient, et plus loin, dans la rue du village, l'extrême laideur de la foule engourdie par la chaleur, par la promiscuité recherchée, le vacarme. Et cette terre où, dans un tombeau, veille un soldat au garde-à-vous, ces anciens champs et pâturages qui disparaissent sous la carapace hideuse des maisons de vacances, toutes pareilles dans leur médiocrité rose-beige de constructions sans âme. De longs siècles de chevalerie pour en arriver là ?

L'inévitable syndrome qui frappe tout étranger épris de la France : pays rêvé, pays présent. Ne vaudrait-il pas mieux fermer les yeux sur l'envahissante laideur d'aujourd'hui ?

Je reprends la route en pensant à ces paroles que Bernanos écrivait en 1939, loin de Paris : « L'histoire de mon pays a été faite par des gens qui croyaient à la vocation surnaturelle de la France... » Le paradoxe n'est qu'apparent : pour bâtir une « nature » nationale, pensait-il, on doit la sublimer, sinon tout retombe dans la petitesse matérialiste d'une « civilisation d'estomacs heureux ». Pour avoir un vécu digne de l'Histoire, un pays doit le transcender dans un défi méta-historique de l'esprit. Clemenceau a été remplacé, à la présidence de la République, par M. Deschanel qui a eu, un jour, le charmant caprice de quitter son train en pyjama. Ainsi va l'histoire. Tandis qu'au château du Colombier veille toujours un soldat dressé dans sa tombe. Ainsi œuvre l'esprit.

La France,
cet Occident compliqué

Le 16 septembre 1744, Voltaire s'offre une séance de « trémoussoir de l'abbé de Saint-Pierre ». Sa fatigue diminue, la sérénité et l'énergie reviennent, il peut s'atteler de nouveau à l'écriture de *La Princesse de Navarre*...

Dans mon adolescence, cet épisode a sensiblement marqué la vision que j'avais de la France. Il fallait donc imaginer le célèbre philosophe se trémousser dans un appareil ridicule conçu par un ecclésiastique illuminé !

« Voltaire m'a mise au monde », affirmait la Grande Catherine. La filiation que revendiquaient tant de Russes à cette époque. Pour ma part, je dois à la séance de trémoussoir ma première prise de conscience de l'infinie complexité qu'on pouvait découvrir dans l'univers français. Et chez les acteurs de son théâtre humain.

Avant, leur typologie m'apparaissait claire : l'austère chevalerie sombra, un jour, dans le frétillement servile des courtisans et d'autres précieuses ridicules. Richelieu fit combler les douves, les preux enlevèrent leurs heaumes et enfilèrent des perruques poudrées. Le comte Alexandre de Tilly ne le confirmait-il pas dans ses mémoires en opposant ce « grand fonds de chevalerie » à « la mollesse des cours » ? J'allais constater moi-même que cette opposition restait fonctionnelle dans la France de nos jours : j'ai eu la chance de croiser quelques derniers chevaliers très modernes. Et tant de courtisans !

Mais Voltaire ? Un courtisan ? Sans nul doute : vil flagorneur, il écrivit sa *Princesse de Navarre* pour le mariage du dauphin. Et puis cette quête de reconnaissance auprès des monarques, avec tout ce que cela supposait comme hypocrisie. Son *Mahomet* dédicacé d'abord à Frédéric II, puis au pape Benoît XIV. Et pourtant c'était le même Voltaire qui défendit l'honneur du chevalier de La Barre piégé par « l'Infâme ». Le même qui se faisait anachorète (je me souviens de ce tableau de Jean Huber, à l'Ermitage : le philosophe qui plante un arbre, « à la Tolstoï »). Voltaire l'intrépide, le batailleur, le fugitif, le menteur qui accusait le pauvre abbé Chaulieu, décédé, d'avoir écrit *L'Épître à Uranie*... La complexité de cet homme donnait le vertige. Jusque dans sa mort, il a réussi à être multiple : son cœur repose, dit-on, dans le socle de la célèbre statue de Houdon, tandis que son cerveau, passant d'héritier en héritier, a fini par être égaré. Insaisissable Français !

La bibliothèque de Voltaire a été achetée, on le sait, par la Grande Catherine. Des générations de spécialistes interprétaient désormais chaque *nota bene* marqué par le philosophe dans la marge de telle ou telle page, la moindre notule, les rayures laissées çà et là par un coup d'ongle. L'érudition de ces « voltairiens » était redoutable, mais elle me renseignait si peu sur le mystère qui m'intriguait du temps de ma jeunesse. En quoi cette pensée subtile, nerveuse, omnivore, tantôt téméraire jusqu'à l'arrogance, tantôt tout en fanfreluches galantes exprimait-elle ce fameux esprit français ? En quoi le philosophe à trémoussoir était-il le reflet vivant de la « francité » ? Oui, c'est cette impalpable quintessence française qui m'intéressait avant tout.

Le tsar au chevet d'une maîtresse du roi

Pierre le Grand sonda le mystère français en mai 1717. À la fin de son séjour à Paris, il voulut rendre visite à Mme de Maintenon. Ou plutôt voir, avec une froideur presque médicale, ce qui en restait. Il venait d'examiner des châteaux, des chantiers, des machines, des institutions, en somme, la grande machinerie « France » dont il se montrait curieux et souvent admiratif. Maintenant, il désirait jeter un coup d'œil sur ce rouage humain usé qu'était la vieille maîtresse du Roi-Soleil. Saint-Simon décrit le tsar en soudard brutal qui ouvrit les fenêtres, tira les courtines (« le pied du lit », dirait Mme de Maintenon) et, sans gêne, dévisagea la vieille dame effrayée par tant de désinvolture. Le récit de l'intéressée transforme le barbare russe en visiteur délicat et presque confus. Qui croire ? Et comment savoir ce qui informa mieux le tsar sur le génie français : le système hydraulique conçu à Marly par Rennequin-Salem ou bien la voix affaiblie de Mme de Maintenon ? « Le czar est arrivé à sept heures du soir, écrivait-elle. Il s'est assis au chevet de mon lit, il m'a demandé si j'étais malade ; j'ai répondu que oui. Il m'a fait demander ce que c'était mon mal ; j'ai répondu : une grande vieillesse. Il ne savait que me dire et son truchement ne paraissait pas m'entendre. Sa visite a été courte : il a fait ouvrir le pied de mon lit pour me voir : vous croyez qu'il aura été satisfait ? » Oh, cet inextinguible désir de plaire !

En venant en France, Pierre vola la vedette « médiatique » à Voltaire embastillé le 10 mai 1717. Est-ce cette coïncidence qui allait engendrer chez le philosophe son vif intérêt pour le personnage du grand tsar ? En préparant son livre sur le règne de Pierre Ier, Voltaire posait à ses correspondants pétersbourgeois des questions qui confrontaient l'esprit français avec la jeune civilisation russe avide de se voir reflétée dans ce regard européen. La francité devint, pour les Russes, ce miroir intellectuel, cette altérité de jugement dont toute nation a besoin pour s'affirmer.

La réverbération n'était pas toujours crédible, produisant des poncifs féeriques, des trompe-l'œil édifiants. Devant le tombeau de Richelieu, Pierre déclama cette parole mémorable : « Grand homme, je t'aurais donné la moitié de mon empire, pour apprendre de toi à gouverner l'autre ! » C'est du théâtre, probablement apocryphe. Mais notre perception d'un pays est tissée de telles mises en scènes. Leur contenu est souvent peu fiable mais leur forme exprime l'essence « surnaturelle » d'un peuple mieux que ne feraient mille traités scientifiques. Dans le superbe hôtel de Lesdiguières que le régent avait mis à la disposition du tsar, celui-ci se fit installer un simple lit de camp... Tout Pierre le Grand est dans ce détail !

La force secrète des idées

Combien de fois a-t-on reproché à de Gaulle ce traitement mythifiant du destin de la France... « Il n'écrit pas une Histoire, mais sa Légende », tranchait Fabre-Luce au sujet des *Mémoires de guerre*. Aron le disait plus poétiquement en comparant les *Mémoires* à « une *Chanson de Roland* racontée par Roland lui-même ». C'est là qu'on interrompt d'habitude cette belle citation. Or, le penseur ajoutait : « ... avec tout ce que cela comporte de déformation et de simplification ». Aron oubliait seulement que *La Chanson de Roland* est déjà une sacrée déformation d'un fait historique somme toute modeste : la défaite, en 778, d'une arrière-garde franque par une troupe de Vascons (alias Basques). La geste en fit un affrontement quasi universel entre les

Chrétiens et les Musulmans. La lecture objective nous instruit mais c'est le son vibrant de l'olifant qui nous immerge dans l'essence de cette jeune France médiévale, dans l'idéal de la francité qui s'affirme.

Franklin Roosevelt avait beau jeu de déclarer que de Gaulle se prenait pour Jeanne d'Arc. La chanson de geste gaullienne a démontré que les époques cruciales ont plus besoin d'un grand rêve mobilisateur que des sages calculs du bon sens. Oui, le besoin vital de cette « grandeur de la France », de ce pays qu'on aime « telle la princesse des contes ou la madone aux fresques des murs ».

Nous savons bien que Clemenceau repose dans sa tombe « comme tout le monde », à l'horizontale. Mais si la mémoire d'un peuple le voit debout, hardi et inébranlable même dans la mort, c'est que sa vie confère à cette légende la vérité suprême. Une véracité idéale et symbolique comme ces « deux petits bouquets de fleurs séchées » que Clemenceau demanda de poser dans son cercueil. Sensiblerie d'un vieillard ? « Ce sont les fleurs offertes au Mont Haut par les poilus », précisa-t-il dans son testament...

Il ne s'agit là que d'évanescentes idées, pourrait-on rétorquer. Des projections de l'imaginaire sur l'écran mouvant de l'inconscient collectif. Oui, des idées. Celles qui « deviennent une force matérielle quand elles s'emparent des masses », disait très justement Marx. Depuis longtemps déjà le poids économique et l'influence géostratégique de la France ne lui permettent plus de jouer le rôle d'une grande puissance. Matériellement, non. Et pourtant elle pèse encore dans le monde grâce à cet héritage d'idées que les nations associent à ce pays, à sa « vocation surnaturelle » clamée par Bernanos.

« Voltaire ? Proust ? Camus ? Combien de divisions ? », aurait pu demander Staline. Des divisions immatérielles, certes, mais qui dans le combat de l'esprit rivalisent facilement avec tous les « complexes militaro-industriels ».

En parlant de la France, il faut toujours penser à cette force idéale.

Impossible définition

Julien Green, que la guerre avait éloigné de la France, essaya de dire cette mystérieuse essence française. Son *Paris* est une merveille de finesse, une source d'observations originales.

> *La Seine en crue, d'un vert jaunâtre, lourde, majestueuse, couvre les deux berges, et les arches des ponts ont l'air de s'aplatir. Elle est menaçante, orgueilleuse. Je la trouve superbe dans ces moments-là, pleine de colère, une colère souveraine. Le ciel gris foncé fait de Paris une ville toute blanche. Notre-Dame, magnifique de jeunesse.*

Mais dès qu'il s'agissait de formuler la raison profonde de la fascination qu'exerce ce pays, définir la singularité française, Green affectionnait les demi-teintes, le vaporeux, le flou : « Tout, dans cette ville, a une qualité inanalysable », « dont le charme est inexplicable », « l'inexprimable est là qui m'arrête à chaque coin de page », « je m'aventure dans le domaine de l'invisible », etc.

La marge est minime entre la fine aquarelle des impressions personnelles sur la France et l'inventaire des qualités et des phénomènes auxquels on la réduit d'habitude. La mode, la gastronomie, les arts plastiques et l'art de vivre, l'amour du verbe, la galanterie, le penchant cérébral au détriment du naturel, la « grogne » comme modèle relationnel entre « partenaires sociaux »... La somme de tous les clichés, ce registre qu'on pourrait allonger comporte une large part de vérité. On évoque ces ingrédients de l'esprit national quand, pompeusement, on veut « rendre hommage au génie français » ou, sarcastiquement, railler ses lubies. Les deux réactions sont d'ailleurs intimement liées. Dostoïevski prend pour cible la médiocrité du « petit Français », comme il l'appelle. Tolstoï, dans *La Sonate à Kreutzer*, Tchekhov, dans *Le Vengeur*, brocardent le comportement du mâle français et ses obsessions vestimentaires tout en reconnaissant à contrecœur l'efficacité de son charme sur les femmes russes et le danger de cocuage pour leurs maris. « Il avait le genre parisien, écrit Tolstoï. Des bottines à boutons, des cravates de couleurs voyantes, tout ce que les étrangers assimilent à Paris et qui, par l'originalité, la nouveauté, agit infailliblement sur les femmes. » Tchekhov, lui, trouve pour l'un de ses personnages une caractéristique étonnante : « francoforme », avec une nuance sensiblement péjorative. Quant au fameux esprit cartésien des Français et leur art de l'échange intellectuel, c'est le dramaturge russe Fonvizine qui en démontre les faiblesses dans ses *Lettres de France* :

> *Que de fois, discutant avec des gens tout à fait remarquables, par exemple, de la liberté, je disais qu'à mon avis ce droit fondamental de l'homme était en France un droit sacré. On me répondait avec enthousiasme que « le Français est né libre », que le respect de ce droit fait tout leur bonheur, qu'ils mourraient plutôt que d'en supporter la moindre atteinte. Je les écoutais, puis j'orientais la discussion sur toutes les entorses que j'avais constatées, et peu à peu je leur révélais le fond de ma pensée, à savoir qu'il serait souhaitable que cette liberté ne fût chez eux un vain mot. Croyez-le ou non, mais les mêmes*

personnes qui venaient de se flatter d'être libres me répondaient aussitôt : « Oh, Monsieur, vous avez raison, le Français est écrasé, le Français est esclave ! » Ils s'étouffaient d'indignation, et pour peu que l'on ne se tût pas, ils auraient continué des jours entiers à vitupérer contre le pouvoir et à dire pis que pendre de leur état.

Fonvizine n'oublie pas de faire valoir son nouveau statut d'initié : il a rencontré Voltaire à trois reprises ! On comprend de qui il tient cette manière ironique de piéger son interlocuteur.

D'ailleurs, le même Dostoïevski, le pourfendeur du « petit Français », débute sa carrière littéraire en poussant ce cri enthousiaste : « Miracle ! J'ai traduit *Eugénie Grandet* ! » Et Tolstoï, qui a brossé des portraits franchement caricaturaux des grands personnages de l'époque napoléonienne (Napoléon lui-même avant tout), adresse au jeune Gorki ce conseil insistant : « Lisez les Français ! »

Pour les romanciers russes, on le voit, l'esprit français était condensé non pas dans les paillettes « francoformes » de la mode et des simagrées mondaines mais dans les sommets intellectuels de la civilisation française.

LE CAHIER DES CHARGES DE LA FRANCITÉ

La France, mère des arts, pépinière des maîtres à penser qui ont essaimé dans le monde entier, terre d'élection pour les poètes et les peintres, pays du Tendre pour toute expression raffinée des passions. L'éloge de ce pays mythique a été maintes fois prononcé, la géographie de ses influences – de la gracieuse Saint-Pétersbourg à la nonchalante Louisiane en passant par l'endurant Québec – bien tracée. À cette vénération que lui manifestaient les esprits éclairés répondait le refrain plus populaire sur « deux patries, mon pays et Paris ». Tout ce torrent de louanges était tempéré, heureusement, par l'ironie lucide de certains Français qui, comme l'inoubliable Pierre Daninos, notaient : « Bon sens : exclusivité française, avec l'élégance, l'esprit, la galanterie et, d'une façon générale, le génie. »

Daninos avait deviné le piège que cachait cette obligation pour les Français d'exécuter une série de figures imposées devant leurs groupies francophiles. C'est ça, la mode, le vin, les trois cent soixante-cinq sortes de fromages...

J'ai découvert ce guet-apens le jour où, adolescent, j'ai vu mon premier film français en version originale. Il s'agissait d'un petit avion qui venait de s'écraser sur une vaste plaine gelée aux allures de grand Nord. Deux survivants, un Français d'une soixantaine d'années et sa toute jeune compatriote, blessés, contusionnés, sans vivres, rampaient péniblement dans la neige. On sentait physiquement à quel point ils étaient à bout de souffle. De temps en temps, l'homme tombait dans une brève prostration, la jeune femme se mettait à gémir. Une violente tempête de neige risquait à tout moment de les ensevelir. La présence de loups n'était pas à exclure. Et c'est alors, au moment le plus désespérant de leur calvaire que s'engageait entre eux cet inénarrable dialogue :

« Je voudrais... a-ah, ah, te pro... a-ah, te proposer une chose, soufflait l'homme entre deux râles de douleur.

— Quoi ? Qu'est-ce que tu... (la voix de la jeune héroïne se coupait).

— Tu vas, ah, ah... tu vas m'appeler père. Et moi... ah, je vais t'appeler ma fille, a-ah...

— Mais... pourquoi ?

— Pour... ne pas... succomber... à la tentation ! »

Cette dernière réplique m'a plongé dans une stupeur cataleptique. De quelle tentation pouvait-il s'agir au milieu de ce désert polaire ? Quel péché de chair était envisageable par moins trente, sous une dense chute de neige, au son des hurlements de loups ? Et pourtant le vieil éclopé ne pensait visiblement qu'à ça et son œil éteint brillait quand il proposa à la dame de brider leurs vils instincts par le tabou de l'inceste.

L'invraisemblance était telle que la neige s'est transformée en coton hydrophile et ce Nord a fait penser à l'exiguïté d'un studio de tournage surchauffé par les lampes. J'ai deviné que le scénariste était tombé dans le piège des figures imposées, oui, en vrai Français il se devait de remplir le cahier des charges de l'esprit national en illustrant l'inévitable art d'aimer à la française.

Plus tard j'ai eu l'occasion d'explorer quelques autres attitudes, plus sérieuses, de la mentalité hexagonale. Des mises en scène plus élaborées et, en conséquence, des chausse-trapes plus dangereuses. La posture d'intellectuel français, par exemple, une vraie spécialité du terroir. Introuvable chez les Anglo-Saxons, très différente de ce que nous connaissions dans les pays de l'Est. Quelques tics comportementaux qui surprennent tous les étrangers : être (ou se dire) de gauche, « l'intellectuel de droite » étant, en France, une abjecte contradiction dans les termes ; avoir tort avec Sartre plutôt qu'avoir raison avec Aron ; à l'âge de vingt ans se réclamer de Mao, à trente ans de Marx, à quarante ans se gausser des deux ; désigner, pour chaque décennie, une nouvelle victime de l'ordre social (les prolétaires, puis la jeunesse étudiante, enfin, les immigrés) ; persifler l'Académie avant de la rejoindre (la meilleure pique contre la vénérable institution reste, à mon avis, ce mot de Fabre-Luce : « L'Immortel garde, en quelque sorte, son prestige sexuel. ») ; au moment d'un conflit armé, distribuer entre ses pairs les pays à défendre, à l'un la Croatie, à l'autre la Bosnie ; exalter la tolérance avec l'intonation intolérante d'un commissaire politique. Mais surtout, et ce trait résume le reste, avoir une opinion définitive et indiscutable sur n'importe quel sujet, être expert de l'univers entier. Lourd cahier des charges...

Dans ma jeunesse, je m'étonnais qu'on pût prononcer, en France, *Un Discours pour la translation du Chef de Saint-Thomas d'Aquin*. Mais c'était Lacordaire et c'était au XIXe siècle. De nos jours, le diapason des sujets s'est sensiblement élargi.

En fait, tout comme les deux rescapés du crash d'avion, ce couple transi dont le scénariste harcelait la libido au milieu d'une plaine glacée, l'intellectuel français se voit obligé d'exécuter une suite de gestes et de mimiques sans aucun respect pour la vraisemblance de son personnage. Propriétaire d'une résidence de millionnaire à Marrakech, il parlera au nom des déshérités. N'ayant jamais été confronté au racisme qui sévit en Afrique, il agonira le prétendu racisme héréditaire des Français. Effectuant le trajet quotidien entre son domicile dans le seizième arrondissement et son bureau dans le sixième, il se croira le mieux placé pour analyser la crise des banlieues... À mes amis étrangers perplexes devant de telles incohérences, je suggère de considérer l'intellectuel français comme l'une des composantes de la francité folklorique, au même titre que le beaujolais nouveau, le béret basque, les grèves à la SNCF, etc. À ce titre-là, le personnage devient presque attachant. Jusqu'au moment où cette figure emblématique se met à défendre Mao ou les khmers rouges. On sent alors que le folklore a ses limites et que l'irresponsabilité intellectuelle peut se rendre complice des pires massacreurs.

LES MYSTÈRES FRANÇAIS

« L'indicible », « l'inexplicable » de Julien Green ou bien la liste des qualités qui définissent le mode (spécifiquement français) de vivre et de penser la vie ? La première voie est celle des poètes qui déclarent forfait devant cette francité informulable. La seconde est celle des journalistes étrangers en poste à Paris qui aiment dresser l'inventaire des petites lubies, incohérences et idées fixes de la mentalité française. L'exercice est aisé, il suffit d'écouter la radio pendant une heure pour en relever un nombre considérable. Une présentatrice qui parle du reboisement de la France : « Toutes les études confirment que les Français préfèrent des forêts claires, des grandes futaies. Ce qu'ils apprécient dans une zone boisée, c'est l'absence d'arbres. » Une forêt sans arbres ! L'idéal de la nature dominée par la pensée, en fait, un parc, une pelouse. Ou encore, cet œnologue qui décrit les crus d'un vignoble : « C'est un vin intelligent, il aime qu'on lui parle. » Au début, je pensais que par ces forêts en pelouse et ces vins intelligents les Français testaient le sens de l'humour des étrangers. Eh bien, non, c'étaient des assertions éminemment sérieuses.

De telles curiosités ne sont que de jolis coquillages que rejettent les profondeurs obscures de l'inconnaissable esprit français. Oui, l'écume qui cache les lames de fond de ses mystères.

Parlons de l'écume, la mousse du champagne, l'un des fleurons de la francité folklorique. Un jour, dans un train, ce passager qui lit *Le Figaro* (le journal avait encore une mise en pages lisible), puis l'abandonne sur son siège, s'en va. Et pourtant ce qu'il vient de jeter est un chef-d'œuvre ! À deux voix, M. Othoniel (présenté comme « artiste hédoniste ») et Mme Sallé, une journaliste visiblement aussi très épicurienne, décrivent... J'allais dire le dépucelage, non, juste la façon d'ouvrir une bouteille de champagne :

Il y a une sorte d'érotisme à sentir le bouchon glisser entre ses doigts... Ne parle-t-on pas de « soupir érotique » pour évoquer le bruit du gaz qui s'en échappe... Encore faut-il connaître l'art de l'ouvrir. Tout en douceur, si l'on veut éviter de perdre une partie des arômes. Après avoir détaché le muselet, on incline légèrement la bouteille et, en maintenant énergiquement le bouchon avec le pouce, on fait pivoter le corps de celle-ci. Ne jamais la servir par le col : ce serait faire preuve d'inélégance. Mais la saisir par le fond, un pouce glissé dans l'évasement...

On entend une intonation positivement orgastique dans les explications des deux hédonistes. M. Molin, chef de cave chez Ruinart, se joint à eux comme pour tempérer cet érotisme champenois car il faut aussi insister sur le choix du verre :

De la plus grande finesse possible, il va permettre d'exercer le toucher du vin... L'idéal demeure le verre tulipe, joufflu, qui convient parfaitement à la mise en forme des saveurs. Sa base légèrement en pointe suscite un geyser de bulles et allonge ainsi la durée de vie de la mousse en surface... Compromis entre le verre à vin et la flûte...

Le reste est à bannir. Y compris les coupes, pourtant inspirées par la forme parfaite des seins de Mme de Pompadour. Elles laissent échapper les arômes et anéantissent les bulles...

La forme parfaite des seins d'une maîtresse du roi... La forme ! Tel est la clef du mystère français. La francité a toujours été cette recherche passionnée des formes nouvelles. Pour juguler le chaos des éléments, pour faire jaillir la beauté, s'offrir une jouissance intellectuelle, esthétique, charnelle. La forme d'une cathédrale, d'une silhouette féminine, d'une pensée, d'une société, d'une strophe.

En définissant les singularités de la civilisation française (« une civilisation irradiante »), Duplessy mettait en avant la capacité qu'elle avait d'inventer les formes intellectuelles aptes à modeler le réel. « Une civilisation, c'est un ensemble de formes », disait-il en déniant (très injustement, à mon avis) à la Russie ou à l'Allemagne l'art d'opérer, avec succès, une telle synthèse.

Cette extrême créativité formelle serait-elle une véritable « exception française » ?

II

La forme française

La machine à formuler

L'historien russe Klutchevski est remonté aux origines de l'esprit français en comparant la naissance historique de la Russie et les conditions dans lesquelles s'était faite la genèse de la civilisation française. Cette dernière, selon lui, avait l'obsession de la forme, ce qui devait permettre aux jeunes peuples barbares d'assimiler l'héritage gréco-romain. L'Antiquité tout entière devenait un creuset bouillonnant de formes à imiter, allant de l'organisation d'une cité jusqu'à l'organisation stylistique d'un texte. Klutchevski a insisté sur la présence matérielle, en France, des vestiges antiques sur le sol où s'installaient les Barbares. La nouvelle civilisation s'affirmait dans l'adaptation dynamique de ce fonds aux nouvelles conditions de la vie. Le caractère symbolique de cette assimilation sautait aux yeux : on s'attachait plus aux emblèmes qu'au sens de la civilisation défunte. Cette imitation des formes antiques devint, un jour, l'essence même de la francité naissante. Et son histoire culturelle répéta, dans ses phases, cette quête initiale. D'où tous ces retours à la source gréco-romaine, toutes ces renaissances : carolingienne, puis celle du XVIe siècle, plus tard les rétrospectives classicistes.

Corneille, mieux que quiconque, a exprimé cette originelle référence de la francité :

Si vous n'êtes Romain, soyez digne de l'être.

Chacun peut, en accord avec son goût intellectuel, lier l'apparition de la forme française à telle ou telle période de l'Histoire, la situer dans tel ou tel domaine. Peut-être la première moitié du XIIe siècle, dans la vallée de l'Oise où surgissent les voûtes à croisées d'ogives ? *Opus francigenum*, cette œuvre à la française, pourrait être choisie comme jalon, comme date. Mais, en réalité, l'œuvre formatrice et formulatrice de la France se manifeste en mille lieux, de mille manières. Dans la pierre taillée, dans les strophes d'un sirventès, dans l'art de l'amour courtois et dans bien d'autres « codes sociaux ».

La passion française pour la forme n'a pas échappé aux étrangers qui allaient, tout au long des siècles, la commenter, l'admirer, la persifler. Un peu comme Dostoïevski dans son *Joueur* où il tenait ce « formalisme » pour le noyau même de la francité, très critiquable, à son avis, car les Français « ont si bien défini les formes que l'on peut, chez eux, avoir un air de dignité extraordinaire tout en étant l'homme le plus indigne qui soit... C'est encore parce qu'ils ont l'art des formes que nos demoiselles ont un tel penchant pour les Français. Du reste, tout cela n'est que de pure forme. Il n'y a rien d'autre que le coq, *le coq gaulois.* »

Cette puissante capacité de formulation n'a cessé de fasciner les Russes : sa vitalité, sa souplesse, sa complexité. Car, n'en déplaise à Dostoïevski, il ne s'agissait pas d'une « pure forme », d'un emballage, d'une enveloppe vide. Non ! Cette forme française est suffisamment pulpeuse. « La forme est la chair même de la pensée », disait Flaubert. Les hédonistes du champagne que je viens de citer le disaient très bien : le jeu des bulles n'est pas une simple formalité mondaine mais tout un univers avec ses coupes calquées sur les galbes des seins de la Pompadour, et la texture crayeuse des caves où le vin mûrit, et le toucher du remueur, et l'ensoleillement des saisons qui restent embouteillées dans la mémoire des millésimes comme les souvenirs dans les fameux vases de Proust, et tout un vocabulaire du goût (« de magnifiques notes d'amandes fraîches et d'abricot sec, rehaussées d'une pointe de brioche toastée... »), et la musique que fait entendre, paraît-il, la fermentation dans les fûts auscultés au stéthoscope par un vigneron, et toute la gamme gastronomique qui conflue avec cette symphonie sensorielle, ce qui débouche sur l'un des célèbres poèmes épistolaires que nos hédonistes récitent :

Viens déjeuner... des huîtres... tu sais... mois en erre,
Je t'attendrai demain. Guillaume Apollinaire.

La forme française n'est pas un habillage folklorique bon à épater les touristes mais un style d'existence profondément irrigué par le vécu national, une riche consonance où s'entrelacent des thèmes très divers. Non pas un échantillon de curiosités mais tout un monde en mouvement novateur. Sa force est de savoir réunir dans un ensemble vivace des éléments apparemment incompatibles. La francité vue comme un Meccano facilement démontable n'est rien d'autre que ce menu qu'on sert aux touristes : la gastronomie, plus la mode, plus l'impressionnisme, plus le *french kiss,* plus Chambord, plus Valmy, plus les grèves à répétition, plus... On oublie que ce Meccano bouge, vit, innove, souffre, se détruit et se reconstruit, tout cela dans la subtile interdépendance de ses éléments. La mode ? Voici comment *L'Encyclopédie populaire* publiée en 1899 décrit la mode sous le Directoire :

> *Ce ne furent que tuniques grecques, cothurnes classiques, dolmans turcs, coiffures à la Caracalla... Il y eut le bal partout. Mais le plus caractéristique fut celui sous le nom de « Bal des victimes » qui se tint à l'hôtel Richelieu. On n'y admit que les jeunes gens qui pouvaient citer le nom d'un père, d'un frère, d'une sœur ou d'un oncle immolés sur la place de la Révolution. En entrant à ce bal, les danseurs saluaient « à la victime » d'une inclinaison sèche, imitant le mouvement d'une tête que l'on coupe. De cyniques « merveilleux » imaginèrent même de se faire raser la nuque à la façon dont Samson accommodait ses victimes, et il y eut des « merveilleuses » qui osèrent serrer autour de leur cou un mince collier rouge imitant à ravir la section de la lame... Puis on chantait en chœur :*

Quand Robespierre reviendra
Tous les jours deviendront des fêtes,
La terreur alors renaîtra,
Et nous verrons tomber des têtes !

Où s'arrête, dans ce grand délire festif, la mode et où commence l'Histoire ? Et comment séparer, au milieu de ce tourbillon, le ridicule de la mascarade hellénique et la mémoire encore sanguinolente des massacres, la gravité de l'époque qui cherche à appréhender le cataclysme révolutionnaire et la bouffonnerie des couplets sur l'Incorruptible chantés par des « incroyables » ?

Ces nuages de gaze qui voilent une moitié du visage, ces robes qui n'empêchent pas d'être nue... Enfin, Bonaparte vint.

La mode ? Mais aussi un mode de vivre, la manière d'exprimer les contradictions de l'époque, de trouver un langage pour les dire. Un fin collier rouge « incisant » le cou d'une « merveilleuse », cette fausse entaille est un signe, un mot tangible. Oui, le vocable d'un langage.

La forme française est avant tout une langue. Cette substance impalpable qui épouse les reliefs les plus accidentés de l'Histoire, l'exprime, la pense, lui donne une signification.

Parmi les danseurs du « Bal des victimes », on pouvait sans doute rencontrer ceux dont les proches avaient subi la « Loi des suspects » (votée le 17 septembre 1793), la pire peut-être dans l'industrie judiciaire de la Terreur. La langue avait noté en tout cas une des accusations courantes : « Le citoyen Un tel est suspecté d'être un suspect. » Une jolie figure de style qu'une « merveilleuse » allait matérialiser par la saignée symbolique de son collier.

D'ailleurs, c'était la même langue – le français – qui dépeignait ainsi les coloris à la mode : « Zinzolin, ventre de biche, nacarade, amarante, astrée, céladon, triste amie, Espagnol malade, fleur mourante... » Une veste ventre de biche, cela peut encore se concevoir. Mais une robe Espagnol malade ou une jupe triste amie ?

La langue de l'Europe

Chaque langue nationale, tel un paon, fait la roue en exposant les trésors de ses gemmes verbales, le scintillement de ses facettes sémantiques, la transparence de sa syntaxe. « Le fond de l'air est frais »... Cette expression française plonge Hector Bianciotti dans une extase quasi religieuse, il l'a souvent confié à ses lecteurs. C'est vrai, on ne trouve pas cette nuance en espagnol et je ne vois rien de semblable en russe. Les hédonistes du champagne précités m'ont appris un qualificatif qui devrait ravir tous les amoureux de la langue française : huîtres huîtrées ! Au Moyen Âge, on acheminait ces bivalves bretons à Paris sans leurs coquilles trop encombrantes et lourdes. Je n'ose imaginer cette masse grise secouée dans un baquet durant sept jours de voyage.

Heureusement, toutes les huîtres ne subissaient pas un tel sort et gardaient leur nom d'« huîtres en écaille ». Oui, à côté d'autres curiosités du folklore français on pourrait citer désormais ces huîtres huîtrées de la Bretagne bretonnante...

Il est tentant de réduire la richesse d'une langue à ces paillettes verbales. Tirer une plume de la queue de ce paon et annoncer : c'est ça la raison de la supériorité de ma langue maternelle. Pour Rivarol cette plume de paon était la clarté : « Tout ce qui n'est pas clair n'est pas français. » Nietzsche partageait cet avis en affirmant que ses écrits étaient plus compréhensibles en français qu'en allemand. Claudel mettait en valeur la perfection de la syntaxe qui expliquait, d'après lui, le rayonnement du français dans le monde.

Sont-ce de bons arguments ? Oui et non. La richesse lexicale, par exemple. Bien sûr on ne trouvera pas dans le russe, ni dans le swahili ces époustouflantes « huîtres huîtrées », et pour cause. Sans doute Hector Bianciotti a-t-il raison de regretter l'absence en espagnol de cet insaisissable « le fond de l'air est frais ». Mais j'entends déjà les voix rassurantes des traducteurs qui me disent : « Laissez-nous faire, tout est traduisible. Grâce aux périphrases, à la recherche patiente des équivalents... » Et puis on a en espagnol (ou en russe, ou en kikongo, ou en arabe) d'autres beautés qui peuvent rivaliser avec ces huîtres et ce fond de l'air. Pour se consoler d'un échec, les Castillans disent : « Nous avons perdu plus à Cuba ! » Quel serait l'équivalent en français ? Ou bien, quand ils sont sûrs de la confidentialité de leurs propos : « Il n'y a pas de Maure à l'horizon. »

En comparant trois langues africaines – le soussou, le malinké et le peul –, j'ai découvert de véritables pépites d'expressivité que je n'avais pas connues dans d'autres idiomes. Ces trois langues sont riches et nuancées et tout à fait dignes d'admiration. Avec cette petite réserve : dans ces langues-là, on n'a pas *encore* écrit *La Comédie humaine*, ni *La Divine Comédie*, ni *Guerre et paix*, ni *Le Code civil* de Napoléon, ni *La Chanson de Roland*, ni *Faust*.

Le nœud du problème est bien là. Ce n'est pas la fameuse musicalité du français qui fait sa beauté et sa force. L'italien est plus chantant, le diapason phonétique des langues asiatiques est plus large, les vocalises du malinké sont aussi jolies. Ce n'est pas non plus la concision du français qui fut la raison de sa nature conquérante. L'anglais n'a rien à lui envier en matière de compacité. Et, tant pis pour

Claudel, mais la syntaxe russe est, techniquement parlant, plus souple que la syntaxe française : l'ordre des mots n'est pas fixe dans la langue de Tolstoï.

Quand Pouchkine écrivait à son ami le philosophe Tchaadaïev : « Je vais te parler dans la langue de l'Europe... », la question ne se posait même pas de savoir de quelle langue il s'agissait. Du français tout naturellement. Cette langue s'imposait car elle avait été ciselée par d'immenses écrivains qui avaient sculpté leurs œuvres dans sa substance vivante tout en profilant, affinant, ennoblissant cette substance par leur génie. Pouchkine aimait cette langue de l'Europe non pas pour ses gracieusetés verbales mais pour l'énergie, l'audace et l'élégance avec lesquelles le français abordait l'univers des hommes. La démesure épique des chansons de geste, Pierre Lombard et ses *Sentences*, les albigeois et leur quête gnostique interrompue par les Barbares du Nord qui ont compromis les chances littéraires de la langue d'oc, l'émergence de l'individu métaphysique chez Villon, l'essor du récit philosophique avec Rabelais, la méditation lyrique avec la Pléiade, la naissance du roman moderne, de la dramaturgie affranchie de ses origines liturgiques et de sa finalité de simple divertissement...

On pourrait poursuivre la revue de la titanesque destinée du français en évoquant les Lumières, le romantisme, les géants du XIXe. Cette énumération serait de toute façon désespérément lacunaire car la puissance avec laquelle le français s'empare du réel pour le penser, le clarifier, le transformer, oui, cet effort herculéen s'illustre aussi dans les sciences naturelles, dans l'histoire, la théologie, l'art oratoire, le droit. Libre au lecteur de choisir pour chacun de ces domaines les noms qu'il préfère.

Telles sont les causes de la fameuse universalité du français. La langue de la diplomatie, mais également une langue qui s'est imposée dans la jurisprudence anglaise jusqu'au XVIIIe siècle (cet anglo-normand du « Law French »), l'idiome de l'Europe éclairée, presque la seconde langue nationale dans la Russie impériale, enfin la francophonie dans le monde.

Ces états de service du français sont bien connus. L'avantage pour ceux qui le parlaient était indéniable : en adhérant à la francité, on obtenait l'accès à un monde intellectuel et artistique d'une richesse et d'une productivité sans égales. En renaissant dans cette langue (car il s'agit bien d'une seconde naissance), on recevait en héritage les trésors de la plus dynamique des cultures.

Les historiens sont partagés sur la chronologie de l'expansion du français. Considérer comme point de départ le mois de mars 1714 où fut signé (en français) le traité de Rastatt ? Mais les cours et les élites avaient commencé à « se franciser » bien avant. On pourrait fixer l'âge d'or de la francité au moment où les Français, eux-mêmes, ont pris conscience de parler une « langue élue ». Dans ce cas, pourquoi ne pas suivre Rivarol, déjà cité, qui a séduit l'Académie des sciences de Berlin avec sa fervente apologie du français dans *De l'Universalité de la langue française*. Pouchkine finalement était insuffisamment francophile quand il reconnaissait dans le français juste « la langue de l'Europe ». Rivarol va bien plus loin : « Ce n'est plus la langue française, c'est la langue humaine. » Pas moins ! « Sacré coq gaulois ! », aurait pu bougonner Dostoïevski.

De la fragilité de la langue française

Le recul du français est abondamment commenté et déploré. Quand se situe véritablement le début de ce déclin ? Pour faire bonne mesure, on pourrait le dater en choisissant la signature, en 1919, du traité de Verdun (le français y était secondé par l'anglais). Et regretter alors l'anglophonie de Clemenceau et l'influence yankee de sa tigresse d'épouse. Mais, en réalité, bien d'autres raisons expliquent cette lente régression. Certains invoquent la relégation de la France au rang d'une puissance moyenne, d'autres font un constat désolé de la médiocrité des lettres françaises désertées par les géants et peu exportables. « Malgré la pléthore véritablement ahurissante des belles-lettres françaises, la demande pour ces produits chez nous, en Russie, a fortement baissé. » C'était Ivan Tourgueniev, en 1868. Flaubert achevait la rédaction de *L'Éducation sentimentale*...

Aujourd'hui, près d'un siècle et demi après Tourgueniev, cet affaiblissement de l'expression française est constaté, de façon plus générale encore, par Régis Debray, même si ses observations ne visent que le théâtre : « ... la parole y est de plus en plus reléguée comme un accompagnement somme toute facultatif des images et du corps. Cette rétraction du verbe me semble révélatrice d'une sorte d'effondrement symbolique. Comme si notre capacité à transfigurer le réel, à le mettre à distance, donc à se détacher de la réalité immédiate, s'amenuisait. Cette crise du signe résume deux crises concomitantes : celle de notre capacité à signifier le monde et celle de notre capacité à fédérer, à rassembler sinon un peuple, du moins un public. »

La crise de l'expression littéraire française, d'après Tourgueniev, *La Crise de l'esprit*, selon Paul Valéry, « la crise du signe », annoncée par Régis Debray... Alors, rien de nouveau dans notre monde sublunaire ?

Si, une chose peut-être. Cette conscience diffuse, lancinante que le dépérissement de la francité est irrévocable. Non que le français risque de disparaître, ni la France de se déliter définitivement dans un magma uniformisé de vestiges de nations, dans cette égalisation par le bas que dicte le mondialisme. Tout simplement, ce français ravalé au statut d'une des langues vernaculaires dans une Europe sans identité, cette France ramenée aux proportions d'une province gérée par une démocratie sénile qui ne sait plus défendre ses idéaux, une telle langue et un tel pays n'auront plus rien de commun avec la francité créatrice, passionnée, généreuse qui s'ouvrait sur l'univers, l'englobait par sa pensée et le transformait. Mais surtout donnait la parole (la forme !) à cet univers chaotique si difficile à formuler.

La parole... La possibilité de tout dire, sans censure, ou à l'encontre de la censure. Le « malheur français » d'aujourd'hui dont parle si bien Jacques Julliard serait-il lié à cette mutité qui s'est imposée autour de certains sujets, à la peur qui s'installe dès la simple évocation de tel ou tel événement ?

La force de la francité, cette liberté avec laquelle la pensée abordait l'homme, la cité et l'Histoire, cette furie intellectuelle française, si peu cartésienne, a cédé la place aux prudentes approches de déminage. Oui, c'est ainsi qu'apparaît, de nos jours, le Français pensant : une intelligence affublée d'innombrables couches de protection et qui tâtonne, se faufile entre les interdits, rampe sur un champ de mines, tout effrayée d'une possible explosion.

Et si toutes ces mines étaient imaginaires ? Et si on n'était pas obligé, en engageant une franche discussion, de soupeser les caractéristiques ethniques, sociales, sexuelles, etc., de son interlocuteur et de se censurer en fonction de ces critères ? Et si on pouvait se relever et parler à voix haute ? Comme Voltaire à ses meilleures heures. Comme Hugo sur son île.

III

DÉFORMATION

LE CHARME DISCRET D'UN ACADÉMICIEN

Septembre 1996, Tokyo : pour la première fois de ma vie, je vois un académicien français en chair et en os. Et surtout en excellente forme physique et intellectuelle. Michel Serres. Fascinant personnage ! Charmeur, spirituel, doté d'une connaissance encyclopédique (une infime lacune : ne connaît pas le mot « écolâtre »...). Pas une ombre de snobisme. Grande générosité (me prête une cravate pour la réception à l'ambassade). Prononce un discours étincelant d'esprit et très « voltairien » au bon sens du terme : un savant équilibre entre le factuel et le théorique, le concret et quelques envolées futurologiques. Une citation latine délicatement placée et (la voix baisse légèrement) sa traduction rapide pour d'éventuels barbares insuffisamment romanisés. Les ovations reçues avec le tact discret d'un homme qui connaît la volatilité des suffrages et la vanité des succès ici-bas.

En somme, un personnage qui illustre à merveille l'élégance intellectuelle de la francité.

Le soir, pendant le dîner, ce constat amer que j'entends de sa bouche, au milieu d'une discussion animée des convives :

« Ah, vous savez, il existe, en France, trois ou quatre sujets qu'il est impossible d'aborder sans se faire lyncher... »

Ma curiosité d'ex-Soviétique (censure, samizdat, autocensure comme mode de communication) est piquée au vif :

— En France ? Des sujets interdits ? Lesquels ?

— Je crains de vous choquer...

L'académicien sourit finement en me lançant un regard, en balle traçante, sous ses sourcils broussailleux de druide.

— Peut-être pourriez-vous juste les énumérer ? insisté-je, et je reçois en réponse un coup d'œil à la fois agacé et gêné.

— Il y a des questions dont le simple énoncé fait scandale. Je préfère ne pas vous scandaliser. D'ailleurs hier j'ai parlé avec un grand mathématicien japonais...

Et Michel Serres de raconter comment, sans aucune langue en commun, ils ont réussi à converser grâce au langage des mathématiques.

Trois ou quatre sujets interdits ? Par qui d'ailleurs ? Par le politiquement correct ? Par la législation en vigueur ? Ou bien par une officine occulte qui cherche à protéger je ne sais quelle virginité mentale des Français ?

Il m'a été facile, même sans le soutien de Michel Serres, d'imaginer ces sujets à risque dont certains tombaient sous la coupe de la pensée unique, d'autres formaient une nébuleuse de vérités que les Français, autour de moi, évoquaient par allusion, par ellipse :

La collaboration et Pétain, la défaite morale mais le sauvetage physique de la France ? La décolonisation, désastreuse pour les décolonisés ? La sécession de l'Algérie, funeste aventure pour les habitants de ce pays ? L'immigration déferlante qui détruit toute chance d'intégration ? La menace de l'islamisme ? La réalité ou les fantasmes de l'antisémitisme des Français ? L'activisme excessif de toute sorte de minorités, homosexuelle entre autres ? La peste du communautarisme ?

La formulation est volontairement polémique. C'est ce ton-là qui, à mon arrivée en France, m'a aidé à saisir la réalité des choses derrière les panneaux publicitaires de la propagande : la France des « potes », des « black-blanc-beur », du multiculturalisme et d'autres impostures idéologiques. D'ailleurs le décalage entre le discours officiel et les commentaires que les Français osaient en privé me rappelait la situation dans ma patrie soviétique. Le même double langage, la même schizophrénie collective. Sauf que cela se passait dans le pays de Voltaire !

Je me souviens de quelques-uns de ces événements, plus ou moins marquants, dont l'interprétation bifurquait tantôt vers la bien-pensance, tantôt vers la pensée insoumise. En désordre : le procès Papon, les élections annulées en Algérie et les longues années de massacres qui s'en sont suivies, les attentats de l'été 1995, le livre de Renaud Camus évoquant la surreprésentation des journalistes d'origine juive dans la presse radiophonique, la tradition des voitures brûlées la nuit de la Saint-Sylvestre, le délire obscène qui a saisi les « têtes pensantes » au moment d'un championnat de football (on annonçait le triomphe de la cohésion nationale, l'avènement de « la France qui gagne ») et, plus récemment, cette jeune fille maghrébine brûlée vive dans une cité.

Et aussi, mais c'est bien moins tragique, la voix étranglée d'un ami russe (un orthodoxe fervent) qui, un jour, les yeux exorbités à la Ivan le Terrible, m'a demandé : « Tu savais que François Ier et Léonard de Vinci... heu... couchaient ensemble ? » J'ai sursauté. « Regarde, j'ai lu ça dans ce bouquin... » Il m'a tendu le livre : « Léonard est mort dans les bras de François Ier. » Un texte des années trente. J'ai essayé de lui expliquer que le monde avait changé et qu'aujourd'hui (PACS, mariage homosexuel...), l'auteur aurait évité ce genre d'ambiguïtés pour ne pas faire accroire que le grand homme était mort d'épectase dans les bras de son royal amant...

Oui, la pensée française, en ces années-là, ressemblait à un champ de mines infini où l'on déterrait à grands cris des moulages, sans remarquer les explosifs réels.

Un jour, je suis tombé sur un couple de Français qui semblaient avoir bien déminé leur champ une fois pour toutes.

La France nouvelle

Nadine, Félix et leur fils de seize ans, Kévin. Félix, un Guinéen installé en France depuis le temps de ses études universitaires, qui enseigne l'histoire dans un lycée où Nadine travaille comme conseillère d'orientation. Une ville moyenne dans l'Isère, une jolie maison avec un jardinet, un cocker placide que Kévin a dressé : le chien aboie au nom de Le Pen. Tout est d'ailleurs vaguement, et gentiment, politique chez Nadine et Félix, à commencer par ce cocker. Oui, tout est, chez eux, légèrement « sartrien », « soixante-huitard », « SOS-racisme »... Mais sans agressivité, sans hystérie. Plutôt comme une évidence depuis longtemps rentrée dans les mœurs, enracinée dans ce sol français autrefois rebelle à de telles nouveautés. Aussi évident que cette pile de

Libé près de leur cheminée, que le dernier *Télérama* mêlé aux prospectus publicitaires de la CAMIF sur la table basse de leur salon.

Je découvre enfin un endroit où toutes les questions maudites trouvent une solution naturelle, routinière. Nadine et Félix représentent la France de demain : multiraciale, multiculturelle, métissée, solidaire, tolérante, veillant sur les droits de l'homme et ceux des minorités. Des sujets interdits ? Ceux que Michel Serres a refusé de commenter ? Mais non, voyons, tout ça est bien clair. Oui, la France s'est rendue coupable d'une collaboration ignoble avec l'occupant en l'accueillant sans aucune tentative de combat. Oui, elle a ravagé le continent africain par une colonisation inhumaine. Oui, elle a compromis l'avenir de bonheur et d'abondance de l'Algérie devenue indépendante. Oui, la France est foncièrement raciste, ce qui empêche la véritable intégration des immigrés de couleur. Non, la France ne veut pas comprendre qu'il puisse y avoir un islam modéré et moderne. Non, les Français, trop frileux, n'admettront pas de sitôt que les homosexuels aient le droit de se marier et d'adopter des enfants. « Heureusement, constate Félix, toutes ces questions ne se poseront même plus à la génération de Kévin. Pour lui et ses copains, cela sera l'évidence même. »

Je crois avoir transcrit avec trop de véhémence l'intonation de Nadine et de Félix. Non, ils parlent en souriant, avec une certaine condescendance pour mes incompréhensions d'étranger. Enfant, Félix a dû faire ses études chez les jésuites : il en a gardé la science de cette persuasion calme, compatissante même, pour son interlocuteur naïf. La misère ? Mais il n'y a qu'à augmenter l'impôt sur les revenus trop élevés. Les violences dans les cités ? Plus de social, de crédits, d'animateurs. Sa voix est presque tendre. L'échec du socialisme en URSS, en Chine, à Cuba ? Oh, vous savez, vous autres, les Russes, vous vous y êtes mal pris, vous n'aviez qu'à...

Au bout de deux jours, je commence à me sentir dans le meilleur des mondes possibles. Juste une chose me manque dans cette France de demain : la parole libre, contradictoire, passionnée. Sinon, on pourrait très bien s'assoupir au son assourdi d'un match que regarde Félix, du froissement des pages de *Libé* que tourne Nadine, des aboiements du cocker qui proteste bonassement contre le Front national.

Ce sont ces livres qui me sauvent de la léthargie dans ce monde idéal. Deux gros cartons dans le garage. « Ça doit être les bouquins que Nadine a récupérés après la mort de son père, m'apprend Félix. Je ne les ai jamais regardés. Allez-y, fouillez, si ça vous dit... » Il s'engouffre dans sa voiture, part. J'ouvre le premier carton, tire une vilaine brochure sans couverture...

Et soudain je découvre une France qui m'était inconnue.

Le pays du soldat oublié

Au début, une méprise. Étrangement, la vieille brochure que je feuillette me paraît très actuelle. Les mots-clefs de nos jours : modernisation de l'économie, solidarité, flexibilité, cohésion... Le chapitre s'intitule « L'harmonie française »... Puis, le langage replace le texte dans son époque : « Régler la question juive sans briser à jamais les Loges et toutes leurs antennes serait faire œuvre chimérique. » Lieutenant-colonel de la Rocque, *Disciplines d'action*, 1941.

Il y a d'autres livres qui, en vertu d'un mot, d'un nom, semblent publiés d'hier. *Les Soirées de lady Diana...* me font penser à la fameuse blonde qui a fini ses jours sous le pont de l'Alma. Mais non, lady Diana Cooper est l'épouse de l'ambassadeur de

Grande-Bretagne, dans l'immédiat après-guerre. Les dîners aux chandelles, pour que les convives se voient à peine car cela permet de « vider une coupe de champagne avec l'homme que, deux ans auparavant, on eût volontiers envoyé aux travaux forcés ». L'ambiance de l'époque.

Quelques volumes, au contraire, paraissent parfaitement archaïques comme ce *Entre Français* du comte de Paris. Un livre de Léon Daudet, l'écrivain que j'ai toujours tenu pour un judéophobe. Il dit pourtant une vérité prémonitoire en ce début des années trente :

> *Les poussées antisémites sont des collectifs de haine, tenant moins aux différences ethniques qu'au fait que les Juifs ont pratiqué le trafic usuraire, avant même qu'il fût la loi courante de la circulation de la monnaie... Ils ne sont certes pas les seuls mais ils sont plus visibles... D'où leur position de boucs émissaires. En Allemagne, les poussées antisémites sont périodiques, en dépit de la tendance des juifs les plus cultivés à se réclamer du germanisme... Cette propension des Hébreux pour la Germanie, leur nouvelle terre promise, est ce qu'on peut appeler un amour malheureux.*

J'imagine de mieux en mieux le père de Nadine : un vieillard bilieux, rongé par l'aigreur et qui relisait ces pages jaunies, sourd à toute autre opinion que la sienne. Un maréchaliste qui jusqu'à la fin de sa vie remâchait ses rancunes aiguisées par des livres comme celui-ci : *Le Printemps tragique* de René Benjamin. La platitude de l'écriture est affligeante, le néant du contenu, abyssal. Et pourtant, pour le lecteur étranger que je suis, cette prose larmoyante et stérile a une utilité. Jamais, je n'ai ressenti aussi clairement l'envergure du désarroi qui s'était emparé des Français après la défaite de 1940. Le style pantelant de Benjamin le transcrit, malgré lui, tel un oscillographe. Et quand ce membre de l'Académie Goncourt prête sa plume à Pétain, il réussit même un tour de force de lucidité. Cette voix contrefaite du maréchal n'invite pas à chercher les boucs émissaires de la défaite ni à dénoncer les complots mais, dans un sanglot pathétique, désigne les vrais responsables, les Français eux-mêmes :

> *Et enfin, enfin, ce n'était plus pour annoncer aux Français qu'ils étaient grands, qu'ils étaient beaux, qu'ils seraient vainqueurs, maintenant et dans l'éternité ! Mais bien pour leur dire : « Pesez vos fautes. Elles pèsent bon poids ! Vous n'avez pas voulu d'enfants. Vous avez rejeté la*

morale et les principes spirituels. Vous n'avez cherché qu'à jouir. Voilà où tant d'erreurs vous ont conduits !

Au fond d'un carton, ce livre dont le titre m'oblige à me frotter les yeux : *Vive Pétain ! Vive de Gaulle !* Sur la couverture gondolée, je déchiffre le nom de l'auteur, Lucien Galimand, ancien député, ex-officier des Forces françaises libres et de l'État-major FFI... Mais c'est surtout la dédicace qui me laisse pantois : « À la mémoire du colonel Desazars de Montgailhard, admirateur obstiné de Pétain. À la mémoire du capitaine parachutiste Combaud de Roquebrune, gaulliste fervent, tous deux tués, en 1944, pour la libération de la France. »

Le visage du vieillard aigri que je viens d'imaginer change d'expression. J'ouvre le second carton et je tombe sur ces deux livres aux pages marquées de quelques traits de crayon, *La Bataille de France* et *Mémorial de France, faits d'armes de la campagne 1939-1940* :

Puis c'est une retraite en sept jours de combats continuels qui amène le régiment dans la région de Charmes. Quatre divisions françaises formées en carré et encerclées de toutes parts luttent là sans espoir.

Le 18e d'infanterie a perdu plus de la moitié de son effectif...
La lutte prend alors un caractère d'acharnement extraordinaire. On se bat à la grenade, en certains points à la baïonnette. Le capitaine Cafarel défend lui-même son poste de commandement, il est tué... Le 2e bataillon du 17e régiment de tirailleurs algériens a perdu dans ces deux journées : 12 officiers sur 15, tous ses sous-officiers sauf 4, les quatre cinquièmes de son effectif. Ils sont tombés en héros sans avoir reculé d'un pouce...
L'effectif de la division est à présent réduit à quelques hommes. À 18 heures, l'ennemi, qui veut en finir, lance une attaque en masse. Utilisant les munitions des blessés et des morts, les cavaliers de la 2e division résistent. Les mitrailleuses tirent leurs dernières bandes. L'ennemi est repoussé...

J'ai l'impression d'entendre une voix lointaine mais ferme qui me raconte ces épisodes de combat. Sur une page, ce plan : la position de l'armée française le 9 mai 1940, à minuit. Des lignes qui indiquent l'emplacement des troupes entre la Meuse et la Sambre, des carrés qui représentent les divisions et, coloré au crayon rouge, ce carré-là : la 71e division d'infanterie. Sur la marge de la page, cette inscription : « Bourlanges, Didot, Collard et moi. »

Au lieu du vieillard aux idées rancies, je vois un jeune homme couché par terre sous un ciel étoilé, à côté de ses compagnons d'armes, en cette nuit du 9 mai 1940...

Le matin, sans avouer à Nadine que j'ai découvert les livres qu'elle avait cachés, j'obtiens quelques détails sur la vie de son père : la bataille de France, deux fois blessé, emprisonné par les Allemands, évasion, résistance mais surtout « cette débile fidélité à Pétain » (Nadine s'emporte), qui lui a coûté cher. « À la fin de sa vie, on ne se parlait même plus, ajoute-t-elle. On n'avait plus rien à se dire. J'avais l'impression qu'il vivait sur une autre planète. »

Des années passent et, un jour, je croise Kévin, le fils de Nadine et Félix. Il est monté à Paris, « a décroché un job » dans une « boîte d'informatique » à Montreuil... Nous déjeunons ensemble. Un jeune homme moderne dont le physique de métis est à peine visible au milieu du brassement ethnique de la capitale. « La France nouvelle », me dis-je en me rappelant ma visite chez ses parents. Un soir, avec l'emphase que donne le vin, ils m'ont parlé de leur mariage comme d'un défi qu'ils avaient voulu jeter à la tête de la France xénophobe, étriquée. Il y avait dans la conception de cet enfant un projet révolutionnaire. « Oui, c'est ça qui permettra de faire bouger les mentalités ! », disaient-ils. Kévin me parle un peu de sa vie : il a vécu avec « une nana » mais elle était trop « bourge », maintenant il sort avec une Antillaise. Quelques tracas professionnels. Pense changer de voiture. Les loyers à Montreuil ont vachement grimpé. Je l'écoute, je ne trouve rien de révolutionnaire dans ce mode d'existence : la routine d'un jeune homme qui se débrouille comme il peut, comme des millions d'autres, métis ou pas. Je lui demande s'il se heurte au racisme. Avec un réflexe pavlovien, il fait une grimace de victime : mais oui, bien sûr, ça arrive. Puis se souvenant que je suis un étranger, donc un métèque à qui il est inutile de raconter des salades sur l'effroyable racisme des Français, il me confie avec un sourire : « Vous savez, les Français ont tellement peur des rebeus et des renois (des Beurs et des Noirs, traduit-il à mon intention) qu'ils font maintenant tout pour qu'il y ait un ou deux basanés dans chaque boîte. Dans la mienne, ça m'a beaucoup servi que je sois un

Black... » Non, ce n'est pas un révolutionnaire. C'est un jeune homme qui a compris les règles du jeu et qui joue bien. Je lui demande s'il lit. Non, il n'a pas vraiment le temps. S'il voyage un peu en France. « J'aime pas les bouseux », il rit. Et en Afrique ? Oui, une fois à Conakry avec son père : c'est nul, ils ont tout le temps des coupures d'eau et d'électricité.

Avant de nous quitter, je lui pose la dernière question :

— Tu sais qui était ton grand-père ?

— Le père de ma mère ? Mais oui, c'était un vieux facho !

Je me rappelle les paroles de Nadine : « À la fin de sa vie, on n'avait plus rien à se dire... »

Les mots qu'on tue

Le virulent, l'excessif, le souvent injuste Dostoïevski disait : « La civilisation française est morte, elle n'a plus rien à dire. » Ne le contredisons pas tout de suite. La civilisation d'aujourd'hui est plus bavarde que jamais. Les techniques favorisent une logorrhée à laquelle personne n'échappe. Et pourtant, dans cet engorgement communicatif, on se comprend de moins en moins. J'ai eu ce sentiment en parlant avec Kévin à qui j'étais incapable de dire ce que la France représentait pour moi, pour les Russes de ma génération, pour les générations qui nous avaient précédés. Ce que les idéaux exprimés par la francité signifiaient, tout récemment encore, pour l'Europe, pour le monde. Incapable d'expliquer l'essence de cet esprit français, de cet héritage qui revenait à ce jeune Kévin et dont la richesse le laissait indifférent. De lui faire comprendre la complexité humaine, pétrie de contradictions, que révélait la vie de son grand-père, de ce jeune soldat couché sous le ciel nocturne, sur les bords de la Meuse, le 9 mai 1940.

Cette incapacité n'a rien à voir avec le fossé qui sépare les jeunes de leurs aînés. Il s'agit de la disparition d'une langue, des paroles libres qui pouvaient exprimer toute la densité de ce pays qui s'efface. Je voudrais raconter à Kévin que parmi les livres que sa mère cachait dans le garage on trouvait tout, mensonges et vérités, haine et grands élans de cœur, traîtrises et abnégation. Tout cela articulé dans une langue véhémente, éruptive, désireuse de crier sa vérité contre la vérité des autres, un langage parfois maladroit, déséquilibré par la passion, enfiévré par le feu de l'actualité brûlante. Mais une langue dont la seule limitation était la censure allemande qui avait rayé des passages dans le volume de *La Bataille de France*.

Oui, une langue libre ! Celle qui avait permis autrefois à la France, après mille lâchetés, de dire la vérité dans l'affaire Dreyfus. Celle qui avait la vigueur salvatrice du « non » gaullien.

Ce français-là, que la gangrène de la pensée unique n'avait pas encore rongé, permettait l'essentiel : le débat, la controverse, le choc des opinions entre les gens que tout opposait et qui, même en rejetant la vision de l'adversaire, respectait la liberté de ses convictions. Une image idéalisée de la France d'antan ? Écoutons l'homme avec lequel il me serait difficile de fraterniser intellectuellement et qui pourtant manifeste une grande tolérance envers l'une de ses « ennemies » idéologiques. Léon Daudet qui, dans *La Femme et l'Amour*, parle de celle qu'on appellerait aujourd'hui « une journaliste de gauche » :

> *Pour les journalistes du sexe exquis, en notre pays le tour est vite fait. Il y en eut une : Séverine. Je l'ai connue, cette disciple de Vallès, moins amère que son maître, délicieusement jolie (un pastel de La Tour), et d'une simplicité charmante. Elle était révoltée dans l'âme, révoltée de gauche, et ardemment, romantiquement révolutionnaire. Je la voyais arriver au journal avec son « papier », dans sa petite main, rieuse, moqueuse, bonne camarade, toujours disposée à rendre service. Elle me taquinait sur mes tendances réactionnaires, et je la taquinais sur son socialisme hugotiforme et teinté de Proudhon, l'ennemi des dames et des « femmelins ». Je l'aimais*

bien et quand on l'accusa de mettre dans sa poche l'argent de son carnet de charité – ce qui était une calomnie indigne – je me fâchai et faillis claquer l'imbécile qui colportait au journal cette saleté. Au procès du jeune Lebaudy, elle fut parfaitement digne et calme, étant de façons très distinguées et aussi peu virago que possible. Vu les gouffres qui nous séparaient, je ne la vis plus après l'affaire Dreyfus que de loin en loin. Mais je la lisais toujours avec plaisir.

« Vu les gouffres qui nous séparaient... » La langue libre permet non pas de combler l'abîme entre des convictions inconciliables mais de préserver le droit de ces idées à une expression sans entraves.

Mais a-t-on encore, en France, besoin de cette langue ? Un nouveau langage suffit, celui qui débite, comme dans une séance de catéchisme, des réponses toutes faites ayant reçu l'imprimatur du politiquement correct. Des sujets interdits ? Circulez, il n'y a rien à dire ! Serait-ce une nouvelle civilisation : cette France vidée de sa francité, de cette puissance formulatrice qui exprimait le monde pour pouvoir le transfigurer ?

Si c'est le cas, donnons raison à Dostoïevski : une telle civilisation n'a plus rien à dire.

IV

Voyage au bout de la France

La leçon du camarade Trotski

« La botte souveraine de la réalité », disait le vieux Léon. Les censeurs, les idéologues, les inquisiteurs de la pensée libre travestissent la réalité, la badigeonnent de leurs mensonges, traînent en justice ceux qui osent égratigner les façades peinturlurées. Et puis, un jour, on entend un bruit de plus en plus proche, un fracas puissant qu'on ne parvient plus à étouffer : géante, irrésistible, « la botte souveraine de la réalité » vient, s'impose. Le contreplaqué de mensonges s'écroule, le glapissement des folliculaires stipendiés s'étrangle, les mots prostitués retrouvent leur sens. La réalité se dresse devant nous, irréfutable. Bien vu, camarade Trotski !

Simple coïncidence : juste après le déjeuner avec Kévin, j'ai une interview à France Culture où je rencontre l'un des rares journalistes pour qui j'ai une véritable estime. Un personnage d'une autre époque, dirait-on, le raffinement des manières et du langage, une brillante érudition avec un zeste de cuistrerie touchante et cet art de questionner sans esbroufe qu'on trouve de moins en moins dans le métier. Un intellectuel (de gauche, cela va de soi) humaniste et large d'esprit. Et très consciencieux en plus : il a réussi à dénicher, je ne sais où, des documents d'époque sur l'URSS de mon enfance pour illustrer notre discussion... Nous parlons d'un pilote français qui, pendant la Seconde Guerre mondiale, a acheminé des avions américains à travers la Sibérie pour le front de l'Est. J'ai fait de lui le héros de mon livre. L'émission touche à sa fin quand soudain le journaliste évoque l'une des dernières scènes : le frère du pilote, le vieil homme qui habite avec son épouse dans une maison particulière à Roubaix, est pris à partie par ce qu'on appelle en France « des jeunes ». Ce n'est même pas une agression : quelques crachats, des injures... Dans ce livre, il y a beaucoup de scènes auxquelles j'ai réellement assisté, dont celle-ci. Elle ne plaît pas du tout au journaliste. Il trouve que celui qui a cette vision des choses est nécessairement... un réactionnaire. Donc, si je comprends bien, il est interdit d'évoquer la moindre violence de la part de ces « jeunes » sous peine d'être pris pour un suppôt de la réaction ? La voix du journaliste devient légèrement pincée. Non, là n'est pas la question, mais évoquer cette violence revient à... Je le sens crispé, agacé. Rien n'est interdit, se hâte-t-il de me rassurer, mais en décrivant la banlieue comme vous le faites... Oui, des immeubles dégradés, la peur des gens... J'ai envie de lui dire que, en arrivant en France, j'ai vécu dans ces banlieues, je connais la réalité dont je parle. La réalité... C'est ça le hic. Qu'importe la réalité pourvu que soient préservées la cohérence de l'idéologie, la pureté du discours, la rigueur des schémas. Lui-même ressemble maintenant à un schéma : posture figée, regard de verre, intonation mécanique. Cela donne envie de tendre la main par-dessus la table qui nous sépare, de le secouer, de le réveiller. Je fais comme Ivan, dans *Les Frères Karamazov*, qui racontait des « petites anecdotes » destinées à sortir Aliocha de sa torpeur dogmatique de croyant. L'anecdote que je raconte n'a justement rien d'anecdotique : quelques mois auparavant, en plein jour, dans un parc de Nice, deux « jeunes » tuent une mère sous les yeux de son fils de cinq ans. J'essaye de dire qu'un pays où de telles choses sont possibles devrait avoir quelques doutes sur son statut de nation civilisée et que ce doute serait alors le début de son retour à la raison. Car de quelle raison peut-on parler en sachant que ce meurtre n'a pas empêché les Niçois de poursuivre leur bronzette, de regarder le foot, de s'enquérir du cours de la Bourse... Les yeux du journaliste s'éveillent, c'est le moment où la réalité fait craquer le schéma. Je le prie d'imaginer juste le regard de cet enfant de cinq ans penché sur sa mère poignardée. Penser à ce que sera désormais la vie de cet enfant. Se demander aussi...

L'émission est terminée. Pénible sentiment d'échec. Un technicien remet au journaliste l'enregistrement de notre discussion. Cet enfant en pleurs qui tente de ranimer sa mère : ils sont tous deux fixés sur cette bande magnétique qui va se couvrir de poussière dans les archives de France Culture.

Je me souviendrai d'eux en apprenant la mort de cette jeune fille maghrébine brûlée vive par un... oui, un « jeune », selon la terminologie d'aujourd'hui. Elle sera vite oubliée tout comme cette mère et son enfant à Nice, comme tant d'autres. Des « petites anecdotes » d'Ivan Karamazov, gênantes pour la pureté idéologique de la France nouvelle.

Le langage des faits

Une autre coïncidence : je termine ces réflexions sur la francité au moment où brûlent les banlieues, où l'on tire sur les policiers à balle réelle, au moment où les hélicoptères percent la nuit avec leurs projecteurs (la dernière fois j'ai vu ça dans le sud-est de l'Angola, dans un conflit armé de grande échelle). Surtout au moment où calmement, banalement, froidement, on tue les innocents !

Je pourrais répéter le bon mot de Trotski, oui, « la botte souveraine de la réalité » qui se met aujourd'hui à marteler ses vérités. Des dizaines d'années de mensonges sur la France paradis multiculturel, multiracial, multiconfessionnel, multi quoi encore ? Multi tout. Trop de mensonges et, maintenant, la réalité souveraine qui éclate aux yeux de tous et, tel un projecteur d'hélicoptère, éclaire la folie de ce pays réputé si cartésien : des imams qui, aux cris « Allah akbar ! », remplacent les autorités dépassées (Voltaire, réveille-toi !). Ces mêmes autorités qui se voient obligées de négocier avec « les grands frères », en fait avec le caïdat puant le trafic de drogues, de voitures volées et enrichi par le proxénétisme. Les politiciens qui scrutent le ciel et implorent l'arrivée des averses, seules capables de calmer la hargne incendiaire des « jeunes ». À quand les processions votives des parlementaires et les offrandes propitiatoires aux divinités de la pluie ? Ces gesticulations d'impuissants sont accompagnées par les vomissures du rap qui promet aux Français : « Je baiserai la France jusqu'à ce qu'elle m'aime. » (cité par *L'Express*).

Et, à l'opposé de cette ignominie, l'abnégation digne des exploits guerriers : le chauffeur d'un bus incendié qui sauve une handicapée au risque de brûler avec elle. Des ambulanciers qui reçoivent des consignes sur la façon de « s'extraire » des quartiers en flammes comme s'il s'agissait d'un champ de bataille.

Les politiciens qui perdent leur latin. Les langues prétendument humanistes qui se délient : comment donc, nous avons arrosé ces cités de milliards d'euros et elles n'en flambent que de plus belle ! Les Français qui découvrent (il était temps !) que toute une part de la population dite française les hait et les appelle (art de vivre oblige) « fromages » ! On les hait parce qu'ils sont blancs, vaguement chrétiens, censément riches. On les hait parce qu'on les sent affaiblis, incertains de leur identité, enclins à la perpétuelle autoflagellation. On hait leur république et on siffle son hymne national. On rejette la laïcité que les Français ont conquise dans d'âpres luttes. On se moque d'eux car n'est-ce pas comique d'accueillir dans sa patrie, nourrir, loger, soigner ceux qui vous haïssent et vous méprisent ?

La France est haïe car les Français l'ont laissée se vider de sa substance, se transformer en un simple territoire de peuplement, en un petit bout d'Eurasie mondialisée. Ceux qui brûlent les écoles, qu'ont-ils pu apprendre de leurs professeurs sur la beauté, la force et la richesse de la francité ?

Revenir à soi

J'imagine les écrans noirs des téléviseurs, le silence de toutes les stations de radio, le répit bienfaisant dans ce torrent de mensonges et de bêtises qui tentent d'abolir en nous toute trace de pensée. Oui, une minute de silence observée par la France entière en mémoire d'un homme qui vient d'être battu à mort par des « jeunes » sous les yeux de sa femme et de sa fille. En plein jour, à quelques kilomètres de la ville des Lumières, des institutions garantes des droits de l'homme, des hémicycles où sommeillent ceux qui devraient suspendre leur assoupissante séance et se retrouver, tous ! sur le lieu du meurtre.

C'était juste un vœu, cette minute de silence. Quand, dans trois mois, ce livre paraîtra, la mort de cet homme semblera bien lointaine. On aura repeint les immeubles dégradés, reconstruit les écoles incendiées, rédigé l'énième plan pour les « quartiers défavorisés », amadoué les « jeunes » avec des emplois de complaisance dans des associations de pacotille, amnistié les délinquants en les envoyant skier à la montagne, « oublié » les assassins. Les Français prépareront leurs vacances de Pâques avant de penser à leurs vacances d'été. Les politiciens pousseront un ouf de soulagement et s'adonneront à leurs pitoyables guéguerres intestines. Tout le monde fera comme si de rien n'était. Car, dans la France d'aujourd'hui, on ne peut même plus imaginer ce cri que lança jadis Lasource à ses bourreaux : « Je meurs au moment où les Français ont perdu leur raison, mais vous, vous mourrez le jour où ils l'auront recouvrée. »

Je n'écrirais pas ce livre si je ne croyais pas profondément à la vitalité de la France, à son avenir, à la capacité des Français de dire « assez ! ». Faut-il pour cela des circonstances exceptionnelles ? Un drame national qui secoue les consciences et balaie les torpeurs ? Mais l'assassinat d'un homme sous les yeux de ses proches n'est-il pas un tel drame ? Et la terreur que vivent au quotidien des millions de compatriotes confrontés aux bandes, aux agressions, aux insultes ? Et la jeune femme qui périt dans les flammes ? Et toute cette jeunesse qu'on transforme en « jeunes-des-banlieues », mélange infect de victimisation, de tripatouillages politiciens, d'hypocrisie idéologique, d'impunité criminelle, cette jeunesse condamnée à servir tantôt d'épouvantails tantôt de mascottes souriantes pour illustrer l'intégration heureuse ? Et la République bafouée sur un territoire de plus en plus large ?

Ces drames-là ne sont-ils pas suffisants pour que la France revienne à elle, reprenne ses esprits, se rappelle ses fondamentaux historiques, civilisationnels, humanistes ? Et qu'elle sache les défendre !

Si vous n'êtes pas Français soyez dignes de l'être

C'est ainsi, en paraphrasant Corneille, qu'on devrait s'adresser à cette jeunesse pour l'arracher à l'emprise des idéologies, de l'assistanat, de la mafia des caïds, de l'embrigadement des intégrismes, de l'imagerie pieuse des petits « Beurs » et des gentils « Blacks » qui réussissent. Il faudrait un langage clair, sans complaisance, sans aucune censure, sans la police de la pensée et de l'arrière-pensée qu'exercent les « antiracistes » professionnels.

Oui, des mots clairs pour dire qu'il ne peut y avoir qu'une seule communauté en France : la communauté nationale. Celle qui nous unit tous, sans distinction d'origine et de race.

Des mots clairs pour parler de l'immigration qui pour la première fois dans l'histoire de ce pays devient un échec, après tant de vagues intégrées par la France pour son plus grand bien.

Dire que ces vagues humaines se sont intégrées dans des conditions cent fois plus dures que celles que connaissent les immigrés d'aujourd'hui. Et que c'était peut-être la chance de ces Italiens, de ces Polonais, de ces Russes, de ces Juifs, de ces Arméniens, de ces Portugais et de tant d'autres car, malgré la misère, ils avaient évité l'actuelle machine à transformer l'homme en parasite social, ils avaient échappé à cette broyeuse idéologique qui engloutit un être humain et recrache un assisté bouffi de ressentiment et de haine.

Parler de la fameuse « discrimination positive », concept pernicieux qui trahit une attitude infantilisante et infériorisante envers le « discriminé ».

Parler de la responsabilité individuelle si facile à oublier dans « le modèle social français » fondé sur la « baraka » décidée par l'État-providence.

Expliquer que ce modèle a vécu car il réunit dans son inefficacité les pires côtés du capitalisme spéculatif avec les pires tares du socialisme étatique : le mariage contre nature entre la flibuste économique au sommet et l'immobilisme corporatiste et bureaucratique à la base.

Leur faire comprendre que la saine alternance démocratique est devenue depuis longtemps, dans ce pays, une machine destructrice : pour des raisons de pure idéologie, la soi-disant gauche démolit ce que craintivement et honteusement essaye de replâtrer la soi-disant droite, tout cela sur les sables mouvants d'un flirt obscène avec les intérêts des groupes de pression.

Rappeler les sages paroles de Joseph Ki-Zerbo, sa vision du continent africain : « ... Quarante ans après l'indépendance, nous ne produisons même pas un bic... Les peuples souffrent de l'insécurité alimentaire qui était moins grave même au temps colonial... » Sans oublier la responsabilité de l'Occident, il désigne les vrais coupables : les élites africaines corrompues. La leçon qui pourrait aider la jeunesse des banlieues à ne pas fantasmer sur le paradis perdu du « bled » et de la « brousse ».

Dire aussi que dix millions de spectateurs collés à leur écran par une *loft story* est un déshonneur pour le pays de Voltaire.

Il y aurait tant à dire. Mais la loi du genre proposée par l'initiatrice de ce *Café Voltaire* est formelle : le livre doit être bref. « Tous les genres sont bons, disait le philosophe, hors le genre ennuyeux. » Et la longueur est souvent le synonyme de l'ennui.

Je me permettrai juste cet épilogue.

La France de toujours

Ne dérangeons pas l'ombre de Valéry, on sait déjà que les civilisations sont mortelles. Et pourtant « la France éternelle » n'est pas une hyperbole nationaliste. Ce sentiment de pérennité se perçoit dans les échos qui, durant notre existence fugace, relient notre présent au passé lointain d'un pays, de cette France dont nous sondons alors, avec émotion, l'histoire et la densité humaine. « Ainsi mourut sur les bords de la Meuse l'un des plus purs et des plus beaux soldats de la vieille France... », lisais-je, enfant, au milieu des neiges de la Russie. Plus de trente ans après, j'ai découvert un livre où, grâce à un dessin, j'apprenais la présence d'un jeune soldat français, le 9 mai 1940, sur les bords de la Meuse... Une multitude de liens, graves ou légers, qui tissent la délicate tapisserie de la francité.

Et soudain, un soir, cette déchirure : dans un café, je viens de voir sur l'écran du téléviseur une femme âgée en larmes. Son mari a été abattu en bas de leur maison. Quelques vues des rues nocturnes ponctuées de flammes, des silhouettes sombres qui s'agitent. Le visage crispé d'un politicien. Et, déjà, on annonce les résultats d'un match que les clients accoudés au comptoir se mettent à commenter.

Fort éloigné des milieux politiques, j'apprends quand même que l'embrasement actuel des villes françaises est accompagné d'intenses manœuvres, de rivalités entre des chefs de partis, des leaders de clans. On parle déjà beaucoup de l'élection présidentielle, on cherche l'homme de la situation, une stratégie pour relancer, moderniser, combler, résorber, augmenter, baisser, réduire.

Mon humble avis : la seule politique qui vaille serait celle qui prendrait en compte, avant tout, cette femme âgée qui pleure son mari tué dans une banlieue où l'on peut assassiner un homme en passant, en s'amusant presque. Où surtout l'assassin restera impuni.

Pensez à cette femme, M. le futur Président ! Le reste – les caprices de l'économie, l'élargissement de l'Europe, la nervosité des sondages – n'est qu'une aimable foutaise du moment où l'être humain est oublié.

J'ai retrouvé tout à l'heure la liste des noms qui sont inscrits sur le mur de la petite église de Sainte-Radegonde, à Jard. Ces soldats tombés pour la France, souvent deux membres d'une même famille : Louis et Jules Arnaud, Joseph et Lucien Clerteau... Je connaissais tous leurs noms par cœur. Sauf ces quatre soldats-là :

Ariste Petitgas
Ferdinand Petitgas
Henri Petitgas
Théodore Petitgas

Ces quatre frères morts pour la France...

En parlant de Français comme eux, de Gaulle disait : « Maintenant que la bassesse déferle, ils regardent le Ciel sans blêmir et la Terre sans rougir. »

C'est ce pays-là qu'il vous faudra savoir aimer et défendre, M. le futur Président.

La France.

... SAGIM • CANALE ...

Achevé d'imprimer en avril 2006
sur rotative Variquik
à Courtry (77181)

Imprimé en France

N° d'édition : FF898604
Dépôt légal : mars 2006
N° d'impression : 9346

L'imprimerie Sagim-Canale est titulaire de la marque
Imprim'vert® 2005